Noções Gerais sobre a NR 38

Segurança e Saúde no Trabalho nas Atividades de Limpeza Urbana e Manejo de Resíduos Sólidos

Engenheiro Ambiental e de Segurança do Trabalho
André Luiz da Silva Melo

[2]

*Dedico este trabalho a minha linda esposa Beatriz Melo,
e meus amados filhos, Maria Isadora e João Otávio!*

Introdução

Olá, pessoal! Neste texto, vamos falar sobre a NR 38 - Segurança e Saúde no Trabalho nas Atividades de Limpeza Urbana e Manejo de Resíduos Sólidos. Essa norma regulamentadora é muito importante para garantir a segurança e saúde dos trabalhadores que atuam nessas atividades.

O objetivo da NR 38 é estabelecer os requisitos e medidas de prevenção para garantir as condições de segurança e saúde dos trabalhadores nas atividades de limpeza urbana e manejo de resíduos sólidos. Essa norma é aplicável a diversas atividades, como coleta, transporte e transbordo de resíduos sólidos urbanos e resíduos de serviços de saúde, varrição e lavagem de feiras, vias e logradouros públicos, capina, roçagem e poda de árvores, entre outras.

É importante destacar que as atividades de limpeza urbana e manejo de resíduos sólidos apresentam diversos riscos para os trabalhadores, como acidentes com máquinas e equipamentos, exposição a agentes químicos e biológicos, entre outros. Por isso, a NR 38 estabelece medidas de prevenção para garantir a segurança e saúde desses trabalhadores.

Esperamos que esta introdução tenha sido útil para vocês entenderem a importância da NR 38 para a segurança e saúde dos trabalhadores nas atividades de limpeza urbana e manejo de resíduos sólidos.

Nosso texto que traz uma noção geral sobre a NR 38 - Segurança e Saúde no Trabalho nas Atividades de Limpeza Urbana e Manejo de Resíduos Sólidos:

1. Introdução

- Apresentação da NR 38 e sua importância para a segurança e saúde dos trabalhadores nas atividades de limpeza urbana e manejo de resíduos sólidos.

- Explicação sobre os objetivos da NR 38.

2. Requisitos e medidas de prevenção

- Apresentação dos requisitos e medidas de prevenção estabelecidos pela NR 38 para garantir a segurança e saúde dos trabalhadores.

- Destaque para os principais riscos presentes nessas atividades, como acidentes com máquinas e equipamentos, exposição a agentes químicos e biológicos, entre outros.

[5]

Noções Gerais sobre a NR 38, por André Melo na sinaead.com.br

3. Treinamento

- Explicação sobre a importância do treinamento para a prevenção de acidentes e doenças ocupacionais.

- Apresentação dos tipos de treinamento previstos pela NR 38, como o treinamento inicial e os treinamentos periódicos.

- Destaque para os conteúdos que devem ser abordados em cada tipo de treinamento, como técnicas de cortes de árvores, manuseio e movimentação de carga, sinalização de segurança no trânsito, entre outros.

4. Equipamentos de proteção individual (EPIs) e vestimentas de trabalho

- Explicação sobre a importância do uso correto de EPIs e vestimentas de trabalho para a prevenção de acidentes e doenças ocupacionais.

- Apresentação dos tipos de EPIs e vestimentas de trabalho previstos pela NR 38, como luvas, botas, capacetes, entre outros.

- Destaque para as orientações sobre o uso, conservação e substituição desses equipamentos.

5. Procedimentos em caso de acidentes de trabalho

- Explicação sobre os procedimentos que devem ser adotados em caso de acidentes de trabalho, como o acionamento do serviço de emergência, o atendimento aos primeiros socorros, entre outros.

- Destaque para a importância da comunicação imediata do acidente à empresa e aos órgãos competentes.

6. Conclusão

- Recapitulação dos principais pontos abordados no treinamento.

- Reforço da importância da NR 38 para a segurança e saúde dos trabalhadores nas atividades de limpeza urbana e manejo de resíduos sólidos.

- Abertura para perguntas e esclarecimentos.

Fiquem ligados nos próximos capítulos, onde vamos abordar outros pontos importantes dessa norma regulamentadora. Até lá!.

Requisitos e medidas de prevenção

Agora amos abordar os requisitos e medidas de prevenção estabelecidos pela NR 38 - Segurança e Saúde no Trabalho nas Atividades de Limpeza Urbana e Manejo de Resíduos Sólidos.

A NR 38 estabelece uma série de requisitos e medidas de prevenção com o objetivo de garantir a segurança e saúde dos trabalhadores que atuam nessas atividades. É fundamental que os profissionais estejam cientes dos principais riscos presentes nesse ambiente de trabalho, tais como acidentes com máquinas e equipamentos, exposição a agentes químicos e biológicos, entre outros.

Portanto, ao compreender e aplicar corretamente os requisitos e medidas de prevenção estabelecidos pela NR 38, os trabalhadores estarão mais bem preparados para lidar com os desafios e riscos inerentes às atividades de limpeza urbana e manejo de resíduos sólidos.

Fiquem atentos, pois nos próximos vídeos vamos explorar mais detalhadamente as medidas de prevenção e os procedimentos recomendados para garantir a segurança e saúde dos trabalhadores. Até a próxima!

A NR 38 estabelece uma série de requisitos e medidas de prevenção para garantir a segurança e saúde dos trabalhadores que atuam nas atividades de limpeza urbana e manejo de resíduos sólidos. Alguns dos principais requisitos e medidas de prevenção são:

- Treinamento: a NR 38 estabelece que os trabalhadores devem receber treinamento adequado e periódico sobre os riscos presentes nas atividades de limpeza urbana e manejo de resíduos sólidos, bem como sobre as medidas de prevenção e os procedimentos de segurança a serem adotados.

- Equipamentos de Proteção Individual (EPIs): a NR 38 determina que os trabalhadores devem utilizar os EPIs adequados para cada atividade, como luvas, botas, capacetes, óculos de proteção, entre outros.

- Sinalização de segurança: a NR 38 estabelece que as áreas de trabalho devem ser sinalizadas adequadamente, com placas, cones, fitas zebradas, entre outros, para alertar os trabalhadores e o público em geral sobre os riscos presentes no local.

- Controle de agentes químicos e biológicos: a NR 38 determina que as empresas devem adotar medidas para controlar a exposição dos trabalhadores a agentes químicos e biológicos presentes nas atividades de limpeza urbana e manejo de resíduos sólidos, como a utilização de equipamentos de proteção respiratória e a adoção de procedimentos de higiene pessoal.

- Manutenção de máquinas e equipamentos: a NR 38 estabelece que as máquinas e equipamentos utilizados nas atividades de limpeza urbana e manejo de resíduos sólidos devem ser mantidos em bom estado de conservação e funcionamento, com a realização de manutenções preventivas e corretivas.

Esses são apenas alguns dos principais requisitos e medidas de prevenção estabelecidos pela NR 38. É fundamental que as empresas e os trabalhadores estejam cientes dessas medidas e as apliquem corretamente para garantir a segurança e saúde de todos os envolvidos nessas atividades.

Nas atividades de limpeza urbana e manejo de resíduos sólidos, os trabalhadores estão expostos a diversos riscos que podem afetar sua segurança e saúde. Alguns dos principais riscos presentes nessas atividades incluem:

1. Acidentes com máquinas e equipamentos: Durante a coleta, transporte e manuseio de resíduos sólidos, os trabalhadores estão sujeitos a acidentes com máquinas, como compactadores, caminhões de coleta, esteiras transportadoras, entre outros. A operação desses equipamentos requer atenção e cuidados específicos para evitar acidentes.

2. Exposição a agentes químicos: Os trabalhadores podem estar expostos a agentes químicos presentes nos resíduos sólidos, tais como substâncias tóxicas, corrosivas, inflamáveis, entre outras. Além disso, a utilização de produtos químicos para a limpeza e desinfecção de áreas também representa um risco para a saúde dos trabalhadores.

3. Exposição a agentes biológicos: O contato com resíduos orgânicos e materiais contaminados pode expor os trabalhadores a agentes biológicos, tais como bactérias, vírus, fungos e parasitas, aumentando o risco de infecções e doenças ocupacionais.

4. Lesões musculoesqueléticas: As atividades de coleta, transporte e manejo de resíduos sólidos envolvem esforços físicos intensos, podendo resultar em lesões

musculoesqueléticas devido ao manuseio de cargas pesadas, posturas inadequadas e movimentos repetitivos.

5. Riscos ergonômicos: As atividades de limpeza urbana e manejo de resíduos sólidos podem envolver condições de trabalho que contribuem para o surgimento de riscos ergonômicos, tais como posturas inadequadas, esforço físico excessivo, vibrações, entre outros.

É fundamental que os trabalhadores e as empresas estejam cientes desses riscos e adotem as medidas de prevenção adequadas, conforme estabelecido pela NR 38, a fim de garantir a segurança e saúde dos profissionais que atuam nessas atividades.

Treinamento

- Explicação sobre a importância do treinamento para a prevenção de acidentes e doenças ocupacionais.

- Apresentação dos tipos de treinamento previstos pela NR 38, como o treinamento inicial e os treinamentos periódicos.

- Destaque para os conteúdos que devem ser abordados em cada tipo de treinamento, como técnicas de cortes de árvores, manuseio e movimentação de carga, sinalização de segurança no trânsito, entre outros.

O treinamento é um dos requisitos fundamentais para garantir a segurança e saúde dos trabalhadores nas atividades de limpeza urbana e manejo de resíduos sólidos. É por meio do treinamento que os trabalhadores são capacitados para identificar os riscos presentes em suas atividades e adotar as medidas de prevenção adequadas.

A NR 38 estabelece que os trabalhadores devem receber treinamento adequado e periódico sobre os riscos presentes nas atividades de limpeza urbana e manejo de resíduos sólidos, bem como sobre as medidas de prevenção e os procedimentos de segurança a serem adotados.

Os tipos de treinamento previstos pela NR 38 incluem o treinamento inicial e os treinamentos periódicos. O treinamento inicial deve ser realizado antes do início das atividades e deve abordar os seguintes conteúdos:

- Condições e meio ambiente de trabalho, incluindo situações de grave e iminente risco e o exercício do direito de recusa;

- Perigos identificados, riscos avaliados e as medidas adotadas no PGR relacionadas às atividades de trabalho;

- Uso e conservação da vestimenta de trabalho e dos Equipamentos de Proteção Individual (EPI);

- Orientações sobre aspectos ergonômicos do trabalho, incluindo técnicas de movimentação de carga;

- Procedimentos em caso de acidentes de trabalho, inclusive com material biológico;

- Noções de sinalização de segurança no trânsito;

- Noções de primeiros socorros.

Já os treinamentos periódicos devem ser realizados com frequência determinada pela empresa, com o objetivo de atualizar os trabalhadores sobre os riscos presentes nas atividades e as medidas de prevenção a serem adotadas. Os conteúdos abordados nesses treinamentos podem incluir técnicas de cortes de árvores, manuseio e movimentação de carga, sinalização de segurança no trânsito, entre outros.

Em resumo, o treinamento é uma ferramenta fundamental para garantir a segurança e saúde dos trabalhadores nas atividades de limpeza urbana e manejo de resíduos sólidos, e deve ser realizado de forma adequada e periódica, abordando os conteúdos previstos pela NR 38.

Tipos de treinamento previstos pela NR 38, como o treinamento inicial e os treinamentos periódicos.

A NR 38 estabelece que os trabalhadores que atuam nas atividades de limpeza urbana e manejo de resíduos sólidos devem receber treinamento adequado e periódico sobre os riscos presentes em suas atividades e as medidas de prevenção a serem adotadas. Os tipos de treinamento previstos pela NR 38 são:

Noções Gerais sobre a NR 38, por André Melo na siqaead.com.br

1. Treinamento inicial: Deve ser realizado antes do início das atividades e tem como objetivo capacitar o trabalhador para identificar os riscos presentes em suas atividades e adotar as medidas de prevenção adequadas. O treinamento inicial deve abordar os seguintes conteúdos:

- Condições e meio ambiente de trabalho, incluindo situações de grave e iminente risco e o exercício do direito de recusa;

- Perigos identificados, riscos avaliados e as medidas adotadas no PGR relacionadas às atividades de trabalho;

- Uso e conservação da vestimenta de trabalho e dos Equipamentos de Proteção Individual (EPI);

- Orientações sobre aspectos ergonômicos do trabalho, incluindo técnicas de movimentação de carga;

- Procedimentos em caso de acidentes de trabalho, inclusive com material biológico;

- Noções de sinalização de segurança no trânsito;

- Noções de primeiros socorros.

[16]

2. Treinamentos periódicos: Devem ser realizados com frequência determinada pela empresa, com o objetivo de atualizar os trabalhadores sobre os riscos presentes nas atividades e as medidas de prevenção a serem adotadas. Os conteúdos abordados nesses treinamentos podem incluir técnicas de cortes de árvores, manuseio e movimentação de carga, sinalização de segurança no trânsito, entre outros.

Além desses tipos de treinamento, a NR 38 também prevê que os trabalhadores devem receber treinamento específico para operação segura de máquinas, equipamentos e ferramentas manuais, de acordo com a NR-12. É importante ressaltar que os treinamentos devem ser ministrados por profissionais capacitados e experientes, e que os trabalhadores devem receber certificados de conclusão dos treinamentos realizados.

Conteúdos que devem ser abordados em cada tipo de treinamento, como técnicas de cortes de árvores, manuseio e movimentação de carga, sinalização de segurança no trânsito, entre outros

Noções Gerais sobre a NR 38, por André Melo na _sigaead.com.br_

Os conteúdos que devem ser abordados em cada tipo de treinamento, de acordo com a NR 38, são os seguintes:

Treinamento inicial:

1. Condições e meio ambiente de trabalho, incluindo situações de grave e iminente risco e o exercício do direito de recusa;

2. Perigos identificados, riscos avaliados e as medidas adotadas no PGR relacionadas às atividades de trabalho;

3. Uso e conservação da vestimenta de trabalho e dos Equipamentos de Proteção Individual (EPI);

4. Orientações sobre aspectos ergonômicos do trabalho, incluindo técnicas de movimentação de carga;

5. Procedimentos em caso de acidentes de trabalho, inclusive com material biológico;

6. Noções de sinalização de segurança no trânsito;

7. Noções de primeiros socorros.

[14]

Treinamentos periódicos:

Os conteúdos abordados nos treinamentos periódicos podem incluir, entre outros:

1. Técnicas de cortes de árvores, incluindo derrubada, direcionamento de queda, remoção de árvores cortadas que permanecem suspensas por galhos de outras árvores, desgalhamento, traçamento/toragem;

2. Manuseio e movimentação de carga;

3. Sinalização de segurança no trânsito;

4. Operação segura de máquinas, equipamentos e ferramentas manuais, quando aplicável;

5. Meios e recursos necessários para os primeiros socorros, encaminhamento de acidentados e abandono da área de trabalho, quando necessário.

Além disso, a NR 38 também prevê que os trabalhadores que realizam atividades específicas, como a poda de árvores, devem receber treinamento adicional, que inclui técnicas de cortes de árvores e posturas corporais para preservar a coluna vertebral e manter o equilíbrio durante a operação de motosserras, motopodas e similares.

É importante ressaltar que os conteúdos dos treinamentos devem ser definidos pela organização e devem contemplar os princípios básicos de segurança e saúde relacionados à atividade de trabalho, de acordo com as exigências da NR 38.

Equipamentos de proteção individual (EPIs) e vestimentas de trabalho

- Explicação sobre a importância do uso correto de EPIs e vestimentas de trabalho para a prevenção de acidentes e doenças ocupacionais.

- Apresentação dos tipos de EPIs e vestimentas de trabalho previstos pela NR 38, como luvas, botas, capacetes, entre outros.

- Destaque para as orientações sobre o uso, conservação e substituição desses equipamentos.

A NR 38 estabelece a importância do uso correto de Equipamentos de Proteção Individual (EPIs) e vestimentas de trabalho para a prevenção de acidentes e doenças ocupacionais. Os treinamentos devem incluir uma explicação detalhada sobre a importância do uso adequado desses equipamentos, destacando como eles contribuem para a segurança e saúde dos trabalhadores durante a realização de suas atividades.

Além disso, os treinamentos devem abordar os tipos de EPIs e vestimentas de trabalho previstos pela NR 38, tais como luvas, botas, capacetes, óculos de proteção, protetores auriculares, entre outros, de acordo com as necessidades específicas de cada atividade. Os trabalhadores devem receber orientações claras sobre o uso, conservação e substituição desses equipamentos, ressaltando a importância de mantê-los em bom estado de conservação e de substituí-los quando necessário para garantir a eficácia na proteção.

É fundamental que os trabalhadores compreendam a importância de utilizar os EPIs e vestimentas de trabalho de forma correta e permanente, seguindo as orientações fornecidas durante o treinamento. A correta utilização dos EPIs e vestimentas de trabalho é essencial para a prevenção de acidentes e doenças ocupacionais, garantindo a segurança e a integridade física dos trabalhadores.

Importância do uso correto de EPIs e vestimentas de trabalho para a prevenção de acidentes e doenças ocupacionais.

O uso correto de Equipamentos de Proteção Individual (EPIs) e vestimentas de trabalho é fundamental para a prevenção de acidentes e doenças ocupacionais. Esses equipamentos são projetados para proteger os trabalhadores contra riscos que podem afetar sua saúde e segurança durante a realização de suas atividades laborais.

Os EPIs e vestimentas de trabalho são utilizados para proteger o trabalhador contra diversos tipos de riscos, como cortes, perfurações, quedas, choques elétricos, exposição a produtos químicos, entre outros. Além disso, eles também podem ajudar a prevenir doenças ocupacionais, como lesões por esforço repetitivo, problemas respiratórios e dermatites.

No entanto, para que os EPIs e vestimentas de trabalho sejam eficazes, é fundamental que sejam utilizados corretamente. Os trabalhadores devem receber treinamento adequado sobre como utilizar os equipamentos de forma correta e permanente, seguindo as orientações fornecidas durante o treinamento. Além disso, é importante que os equipamentos estejam em bom estado de conservação e sejam substituídos quando necessário.

O uso correto de EPIs e vestimentas de trabalho é uma responsabilidade compartilhada entre empregadores e trabalhadores. Os empregadores devem fornecer os equipamentos adequados para cada atividade, garantir que estejam em bom estado de conservação e substituí-los quando necessário. Já os trabalhadores devem utilizar os equipamentos de forma correta e permanente, seguindo as orientações fornecidas durante o treinamento.

Em resumo, o uso correto de EPIs e vestimentas de trabalho é essencial para a prevenção de acidentes e doenças ocupacionais, garantindo a segurança e a integridade física dos trabalhadores.

Tipos de EPIs e vestimentas de trabalho previstos pela NR 38, como luvas, botas, capacetes, entre outros

A NR 38 prevê diversos tipos de Equipamentos de Proteção Individual (EPIs) e vestimentas de trabalho que devem ser utilizados pelos trabalhadores para garantir a segurança e a saúde durante a realização de suas atividades. Alguns exemplos desses equipamentos são:

- Luvas de segurança: utilizadas para proteger as mãos contra cortes, perfurações, abrasões, queimaduras, entre outros riscos.

[24]

- Botas de segurança: utilizadas para proteger os pés contra quedas, impactos, perfurações, escorregamentos, entre outros riscos.

- Capacete de segurança: utilizado para proteger a cabeça contra impactos, quedas de objetos, choques elétricos, entre outros riscos.

- Óculos de proteção: utilizados para proteger os olhos contra impactos, radiações, respingos de produtos químicos, entre outros riscos.

- Protetores auriculares: utilizados para proteger os ouvidos contra ruídos excessivos que podem causar danos à audição.

- Máscaras de proteção respiratória: utilizadas para proteger as vias respiratórias contra poeiras, fumos, gases, vapores, entre outros riscos.

- Cintos de segurança: utilizados para proteger o trabalhador contra quedas em altura.

- Vestimentas de proteção: utilizadas para proteger o corpo contra riscos químicos, biológicos, térmicos, entre outros riscos.

Esses são apenas alguns exemplos de EPIs e vestimentas de trabalho previstos pela NR 38. Cada atividade laboral pode exigir equipamentos específicos, de acordo com os riscos envolvidos. É importante que os trabalhadores recebam orientações claras sobre quais equipamentos devem ser utilizados em cada situação e como utilizá-los corretamente.

Orientações sobre o uso, conservação e substituição desses equipamentos

As orientações sobre o uso, conservação e substituição dos Equipamentos de Proteção Individual (EPIs) e vestimentas de trabalho são fundamentais para garantir a eficácia desses equipamentos na proteção dos trabalhadores. É importante que os trabalhadores recebam orientações claras sobre como utilizar os equipamentos de forma correta e permanente, seguindo as orientações fornecidas durante o treinamento.

Além disso, é fundamental que os equipamentos estejam em bom estado de conservação e sejam substituídos quando necessário. Os trabalhadores devem ser orientados a inspecionar os equipamentos antes de utilizá-los, verificando se estão em bom estado e se não apresentam danos ou defeitos. Caso seja identificado algum problema, o equipamento deve ser substituído imediatamente.

A conservação dos equipamentos também é importante para garantir sua eficácia na proteção dos trabalhadores. Os trabalhadores devem ser orientados a limpar e armazenar os equipamentos corretamente, seguindo as orientações do fabricante. Além disso, é importante que os equipamentos sejam armazenados em locais adequados, protegidos da umidade, calor excessivo e luz solar.

Em resumo, as orientações sobre o uso, conservação e substituição dos EPIs e vestimentas de trabalho são fundamentais para garantir a segurança e a saúde dos trabalhadores.

É responsabilidade dos empregadores fornecer os equipamentos adequados para cada atividade, garantir que estejam em bom estado de conservação e substituí-los quando necessário.

Já os trabalhadores devem utilizar os equipamentos de forma correta e permanente, seguindo as orientações fornecidas durante o treinamento e realizando a manutenção adequada dos equipamentos.

Noções Gerais sobre a NR 38, por André Melo na sinaead.com.br

[28]

Procedimentos em caso de acidentes de trabalho

- Explicação sobre os procedimentos que devem ser adotados em caso de acidentes de trabalho, como o acionamento do serviço de emergência, o atendimento aos primeiros socorros, entre outros.

- Destaque para a importância da comunicação imediata do acidente à empresa e aos órgãos competentes.

A NR 38 estabelece a importância de procedimentos claros em caso de acidentes de trabalho, visando garantir a pronta assistência ao trabalhador e a comunicação adequada do ocorrido. Em caso de acidente de trabalho, é fundamental que os seguintes procedimentos sejam adotados:

1. Acionamento do serviço de emergência: Em situações de emergência, é crucial acionar imediatamente o serviço de emergência médica para garantir o atendimento adequado ao trabalhador acidentado. O tempo de resposta é essencial para minimizar as consequências do acidente.

2.   Atendimento aos primeiros socorros: Os trabalhadores devem estar capacitados para prestar os primeiros socorros em caso de acidentes, incluindo o controle de hemorragias, imobilização de fraturas, reanimação cardiopulmonar, entre outros procedimentos básicos que possam ser necessários até a chegada do serviço de emergência.

3. Comunicação imediata do acidente: Após prestar os primeiros socorros, é fundamental comunicar imediatamente o acidente à empresa, informando os detalhes do ocorrido. Além disso, os órgãos competentes, como o Serviço Especializado em Engenharia de Segurança e em Medicina do Trabalho (SESMT) e o sindicato da categoria, devem ser notificados conforme a legislação vigente.

O destaque para a importância da comunicação imediata do acidente à empresa e aos órgãos competentes visa garantir que as medidas necessárias sejam tomadas para investigar as causas do acidente, prevenir novas ocorrências e assegurar a assistência adequada ao trabalhador acidentado. A comunicação imediata também contribui para o cumprimento das obrigações legais relacionadas à notificação de acidentes de trabalho.

Em resumo, a adoção de procedimentos claros em caso de acidentes de trabalho, incluindo o acionamento do serviço de emergência, o atendimento aos primeiros socorros e a comunicação imediata do acidente à empresa e aos órgãos competentes, é essencial para garantir a segurança e a saúde dos trabalhadores, bem como para o cumprimento das obrigações legais relacionadas à prevenção de acidentes de trabalho.

Conclusão

- Recapitulação dos principais pontos abordados no treinamento.

- Reforço da importância da NR 38 para a segurança e saúde dos trabalhadores nas atividades de limpeza urbana e manejo de resíduos sólidos.

- Abertura para perguntas e esclarecimentos.

Ao recapitular os principais pontos abordados no treinamento sobre a NR 38, é fundamental reforçar a importância dessas diretrizes para a segurança e saúde dos trabalhadores envolvidos nas atividades de limpeza urbana e manejo de resíduos sólidos. Durante o treinamento, foram abordados aspectos essenciais, tais como:

1. Procedimentos em caso de acidentes de trabalho, incluindo o acionamento do serviço de emergência, atendimento aos primeiros socorros e comunicação imediata do acidente à empresa e aos órgãos competentes.

2. Orientações sobre o uso, conservação e substituição dos Equipamentos de Proteção Individual

(EPIs) e vestimentas de trabalho, visando garantir a eficácia desses equipamentos na proteção dos trabalhadores.

3. Programa de Controle Médico de Saúde Ocupacional (PCMSO), que deve prever programa de imunização ativa, protocolos de saúde de acordo com a identificação dos perigos e avaliação dos riscos, e procedimentos específicos para acidentes de trabalho envolvendo perfurocortantes.

4. Treinamento inicial, dividido em partes teórica e prática, abordando desde condições e meio ambiente de trabalho até noções de primeiros socorros, sinalização de segurança no trânsito e manuseio de carga.

A NR 38 desempenha um papel crucial na promoção de ambientes de trabalho seguros e saudáveis, contribuindo para a prevenção de acidentes e doenças ocupacionais. Portanto, é fundamental que os trabalhadores e empregadores estejam plenamente cientes das diretrizes estabelecidas por essa norma, a fim de garantir a proteção de todos os envolvidos nessas atividades.

Por fim, abro espaço para perguntas e esclarecimentos adicionais, visando assegurar que todos os participantes tenham compreendido plenamente as informações apresentadas e estejam preparados para aplicar as medidas de segurança e saúde no ambiente de trabalho.

Principais pontos abordados no texto.

Durante o texto, foram abordados os seguintes pontos:

1. Procedimentos em caso de acidentes de trabalho, incluindo o acionamento do serviço de emergência, atendimento aos primeiros socorros e comunicação imediata do acidente à empresa e aos órgãos competentes.

2. Orientações sobre o uso, conservação e substituição dos Equipamentos de Proteção Individual (EPIs) e vestimentas de trabalho, visando garantir a eficácia desses equipamentos na proteção dos trabalhadores.

3. Programa de Controle Médico de Saúde Ocupacional (PCMSO), que deve prever programa de

imunização ativa, protocolos de saúde de acordo com a identificação dos perigos e avaliação dos riscos, e procedimentos específicos para acidentes de trabalho envolvendo perfurocortantes.

4. Treinamento inicial, dividido em partes teórica e prática, abordando desde condições e meio ambiente de trabalho até noções de primeiros socorros, sinalização de segurança no trânsito e manuseio de carga.

Estes pontos são essenciais para garantir a segurança e saúde dos trabalhadores nas atividades de limpeza urbana e manejo de resíduos sólidos, conforme estabelecido pela NR 38.

Importância da NR 38 para a segurança e saúde dos trabalhadores nas atividades de limpeza urbana e manejo de resíduos sólidos.

A NR 38 desempenha um papel fundamental na promoção da segurança e saúde dos trabalhadores envolvidos nas atividades de limpeza urbana e manejo de resíduos sólidos. Ao estabelecer requisitos e medidas de prevenção, essa norma busca garantir condições de trabalho seguras e saudáveis, prevenindo acidentes e doenças ocupacionais.

A importância da NR 38 reside no fato de que as atividades de limpeza urbana e manejo de resíduos sólidos apresentam diversos riscos ocupacionais, tais como exposição a agentes biológicos, riscos ergonômicos, riscos de acidentes de trânsito, entre outros. Portanto, a aplicação das diretrizes estabelecidas por essa norma é essencial para mitigar tais riscos e proteger a integridade física e a saúde dos trabalhadores.

Além disso, a NR 38 aborda aspectos como treinamento inicial, uso de Equipamentos de Proteção Individual (EPIs), procedimentos em caso de acidentes de trabalho, programa de imunização ativa, entre outros, visando garantir a adoção de práticas seguras no ambiente de trabalho.

Portanto, reforçar a importância da NR 38 durante o treinamento é fundamental para conscientizar os trabalhadores e empregadores sobre a necessidade de cumprir as diretrizes estabelecidas por essa norma, a fim de assegurar a segurança e a saúde de todos os envolvidos nessas atividades.

[36]

Noções Gerais sobre a NR 38, por André Melo na sigaead.com.br

Espaço para dúvidas e esclarecimentos

Com certeza! Agora é o momento para perguntas e esclarecimentos adicionais sobre a NR 38 e as medidas de segurança e saúde no ambiente de trabalho nas atividades de limpeza urbana e manejo de resíduos sólidos. Fiquem à vontade para perguntar sobre qualquer aspecto que não tenha ficado claro durante o texto ou para compartilhar experiências e dúvidas relacionadas ao tema. Estou aqui para ajudar e esclarecer quaisquer questões que possam surgir.

Certamente, a arte de fazer as perguntas corretas é fundamental para o aprendizado e compreensão de um determinado assunto. Com base no texto da NR 38 e nas informações fornecidas, podemos identificar as seguintes possíveis perguntas que o texto da NR pode responder, bem como as possíveis questões que podem ser levantadas e não constam no texto, sugiro que você busque responder com calma cada uma delas:

Perguntas que o texto da NR pode responder:

1. Quais são as atividades abrangidas pela NR 38?

[37]

2. Quais são os requisitos e medidas de prevenção estabelecidos pela NR 38 para garantir a segurança e saúde dos trabalhadores nas atividades de limpeza urbana e manejo de resíduos sólidos?

3. Quais são os conteúdos mínimos que devem ser abordados no treinamento inicial conforme a NR 38?

4. Quais são os tipos de resíduos considerados como resíduos sólidos urbanos de acordo com a NR 38?

5. Quais são as disposições gerais estabelecidas pela NR 38 em relação à organização das atividades de limpeza urbana e manejo de resíduos sólidos?

Possíveis questões que podem ser levantadas e não constam no texto:

1. Como a NR 38 impacta a gestão de resíduos sólidos em nível municipal?

2. Quais são as estatísticas de acidentes de trabalho relacionados às atividades de limpeza urbana e manejo de resíduos sólidos e como a NR 38 contribui para a redução desses acidentes?

3. Quais são as boas práticas recomendadas para a gestão de resíduos sólidos em ambientes urbanos, considerando os aspectos de segurança e saúde dos trabalhadores?

4. Como a NR 38 se alinha com as diretrizes de sustentabilidade e proteção ambiental na gestão de resíduos sólidos urbanos?

5. Quais são as inovações tecnológicas e práticas emergentes que podem contribuir para a melhoria das condições de trabalho nas atividades de limpeza urbana e manejo de resíduos sólidos, e como a NR 38 pode acompanhar essas evoluções?

Essas perguntas e questões podem fornecer um panorama abrangente sobre a NR 38 e as atividades de limpeza urbana e manejo de resíduos sólidos, abordando tanto os aspectos regulamentares quanto as considerações práticas e estratégicas relacionadas a esse tema.

Meu contato está aberto para que você possa sanar dúvidas sobre o assunto:

Noções Gerais sobre a NR 38, por André Melo na sigaead.com.br

André Luiz da Silva Melo, Engenheiro Ambiental e de Segurança do Trabalho, CREA PR-109280/D, Cel. 67 981729742, andrenutu@gmail.com

Todos meus treinamentos estão na plataforma de treinamento online:

https://sigaead.com.br

- NR 38 – Noções Gerais

- NR 38 – Saúde e Segurança no Trabalho específico para Coletores de Resíduos

NR 38 – Saúde e Segurança no Trabalho específico para Coletores Especialistas em Resíduos Perigosos

- NR 38 – Saúde e Segurança no Trabalho específico para Podadores de Árvores

- NR 38 – Saúde e Segurança no Trabalho específico para Varredores de Ruas (Garis)

Dentro do Curso você encontra o Projeto Pedagógico de acordo com a NR 01, ART do Instrutor, Certificado.